©Devsisters Corp.

- **1판 1쇄 발행** | 2017년 9월 18일
- **1판 2쇄 발행** | 2024년 6월 5일
- **글** | 조주희
- **그림** | 이태영
- **감수** | 김장미
- **발행인** | 심정섭
- **편집인** | 안예남
- **편집장** | 최영미
- **편집** | 김이슬, 이은정, 오혜환, 박현주, 최다혜
- **디자인** | 이명헌, 김희경, 최한나
- **출판영업** | 홍성현, 김호현
- **제작** | 이수행, 정수호
- **출력** | 덕일인쇄사
- **인쇄** | 서울교육
- **발행처** | 서울문화사
- **등록일** | 1988. 2. 16
- **등록번호** | 제2-484
- **주소** | 04376 서울특별시 용산구 새창로 221-19
- **전화** | 02)791-0754(판매) 02)799-9171(편집)
- **팩스** | 02)749-4079(판매) 02)799-9334(편집)

ISBN 978-89-263-8466-4
978-89-263-9810-4 (세트)

달리는 쿠키들의 한자 대모험

쿠키런

한자런

©Devsisters Corp.

서울문화사

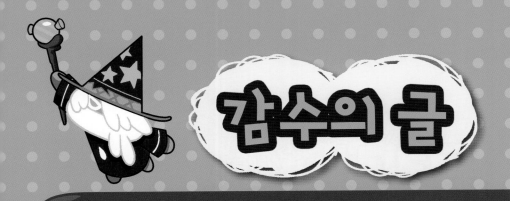

감수의 글

'한자'는 국어, 수학, 영어와 같이 여러분이 꼭 배워야 할 과목입니다. 왜일까요?
세종대왕이 한글을 만들기 이전, 우리 조상들은 한자를 사용하여 편지를 쓰고,
시도 쓰고 자신의 생각을 적는 등 실생활에 필요한 모든 내용들을 기록했습니다.
한마디로, 의사소통의 수단이 한자였던 것이지요.

자랑스러운 한글이 만들어져 글을 읽고 쓰기가 편해졌지만,
우리말의 70% 이상은 여전히 한자어로 이루어져 있습니다.
"영희와 나는 운동을 했습니다."라는 문장에서 '운동'은 한자어입니다.
'옮길 운(運)'과 '움직일 동(動)'으로 이뤄진 단어로, '움직이다'라는 뜻이죠.
"소중한 친구에게 편지를 쓰다."라는 문장에서 '소중(所重)'과 '친구(親舊)',
'편지(便紙)'도 모두 한자어입니다.
따라서 한자를 알면 말을 더 쉽게 이해하고 글을 잘 쓸 수 있습니다.
"차를 사다."라고 했을 때, '차'는 마시는 차(茶, 차 차)일 수도 있고 이동수단인
차(車, 수레 차)일 수도 있습니다. 한자를 알아야 말의 의미가 명확해집니다.
이렇듯 한자는 의사소통을 쉽게 해 주고, 다른 공부에도 많은 도움을 줍니다.

〈쿠키런 한자런〉은 꼭 알아야 하는 한자를 쉽고 재미있게 배울 수 있는
책입니다. '천 리 길도 한 걸음부터'라는 속담처럼, 이 책을 통해 여러분이 한자에
흥미를 가졌으면 합니다. 무슨 공부든 흥미나 재미가 없으면 성취하기 어렵습니다.
책을 재미있게 읽는 동안 한자 실력이 쑥쑥 성장하기를 기대합니다.

김장미 (봉담중 한문교사)

머리말

한자, 달리기, 놀이동산이 금지된 쿠키나라를
한자로 구하는 초등 쿠키들의 신나는 모험담!

우리가 하는 말 중에는 '쿠키런'처럼 외국말이 섞여 있기도 하고,
'이슬비'처럼 순우리말도 있고, '전력질주'처럼 한자로 된 말도 있어요.
이 중에서 한자는 우리가 쓰는 말의 상당한 부분을 차지하고 있지요.

그렇기 때문에 차근차근 한자를 익히면
처음 접하는 단어의 뜻도 쉽게 알 수 있고,
한자 실력과 함께 이해력과 사고력도 쑥쑥 자란답니다.

〈쿠키런 한자런〉에서 재미있는 이야기를 읽다 보면
여러분도 어느새 한자와 친해지게 될 거예요.
마녀가 금지시킨 한자의 비밀을 알게 된 꼬마 쿠키들이 쿠키나라를
구하기 위해 모험을 떠나는 이야기가 멋지게 펼쳐지거든요.

쿠키 주인공들과 함께 떠나는 신나는 모험,
재미와 감동이 있는 순간을
잊을 수 없는 한자들과 만나 보세요!

우리와 함께
출발~!

등장인물 소개

용감한 쿠키

강력한 제트방귀 공격 기술을 가진 쿠키.
바다요정 쿠키를 구하기 위해 쿠키 원정대를 이끌고
얼음파도의 탑 쿠키런 경기에 참여한다.

명랑한 쿠키

친구들과 달리기를 즐기는 밝고 활발한
쿠키. 좋아하는 웨어울프맛 쿠키에게
항상 적극적으로 호감을 나타낸다.

눈설탕맛 쿠키

스노우킹으로 눈보라를 만들어 내는
강인한 얼음나라의 쿠키. 크리스탈을
훔친 잘못을 뉘우친 후, 쿠키 원정대와
함께 바다요정 쿠키를 구하기로 한다.

악마맛 쿠키

타락 주사를 맞고 악당이 된
쿠키. 가끔씩 원래의 착한 마음이
불쑥불쑥 튀어나와 당황하곤 한다.

코코아맛 쿠키

불꽃정령 쿠키의 부하인 악당 쿠키.
얼음파도의 탑 꼭대기에 올라가
바다요정 쿠키를 없앨 음모를 꾸민다.

웨어 울프맛 쿠키

위기의 상황에 거대 늑대로
변신하는 쿠키. 한 번도 세탁하지
않아 고약한 냄새를 풍기는
망토를 입고 다닌다.

바다요정
쿠키

강력한 힘을 가진 고대 마법사 쿠키. 굴뚝마녀에 맞서 싸우다가 얼음이 되어 얼음파도의 탑에 갇혔다.

불꽃정령
쿠키

쿠키왕국의 멸망을 꿈꾸는 악당 쿠키. 강력한 힘을 가진 바다요정 쿠키가 깨어날까 봐 두려워 한다.

단팥맛
쿠키

바보같이 착하고 순수한 마음을 가진 쿠키. 코코아맛 쿠키에게 속아 함께 얼음파도의 탑 쿠키런 경기에 참여한다.

용사맛
쿠키

전설의 쿠키를 대표해서 얼음파도의 탑 쿠키런 경기에 참여한 쿠키. 크리스탈 검으로 거침 없이 눈 괴물의 공격에 맞선다.

박하
사탕맛
쿠키

알 수 없는 신비한 힘을 가진 쿠키. 바다요정 쿠키를 구하기 위해 얼음나라에 왔다.

산타맛
쿠키

얼음나라에서 산타 호텔을 운영하는 쿠키. 딸인 코코아맛 쿠키를 끔찍하게 아끼고 사랑한다.

화이트초코
쿠키

쿠키왕국 최고의 기사가 되려는 야망을 가진 쿠키. 전설의 영웅 용사맛 쿠키의 이야기를 들으며 꿈을 키웠다.

의적맛
쿠키

고통 받는 백성들을 구하기 위해 싸우는 정의로운 쿠키. 구름을 타고 날아다니며 신기한 도술을 부린다.

이 책의 특징

1
맥락으로 기억한다!

이 책은 이야기와 한자의 내용이
강하게 연결된 한자 만화로,
흥미진진한 내용을 따라가면서
자연스럽게 한자를
익힐 수 있습니다.

죄책감(罪責感)은 지은 죄(罪)에 대한 책임(責任)을 느끼는 마음이야.

2
시각으로 기억한다!

만화 속에서 중요한 장면마다
큰 이미지의 한자가
인상 깊게 등장하여
눈으로 한자를
먼저 기억하게 됩니다.

이십 층부터는 숫자 이(二)의 모습처럼 위와 아래에서 공격이 있었고,

③ 기초부터 학습한다!

획이 많고 어려운 뜻의
상급 한자보다는
초등학생이 접하기 쉬운
초급 한자부터
차근차근 배웁니다.

삼십(三十) 층 통과!

우 당 탕

④ 반복해서 기억한다!

만화에서 한자가
여러 번 등장하여
반복 학습이 가능하고,
권말 집중 탐구로
확실히 정리합니다.

漢字 쏙! 쏙! 12권 한자 집중 탐구

6급 | **부수** 刀 칼 도
分 나눌 **분**
• 分析 (분석)
더 잘 이해하기 위하여 어떤 현상이나 사물을 여러 요소나 성질로 나눔.
• 部分 (부분)
전체를 이루고 있는 작은 범위.

4급 | **부수** 角 뿔 각
解 풀 **해**
• 解法 (해법)
어렵거나 곤란한 일을 푸는 방법.
• 和解 (화해)
싸움을 멈추고 서로 가지고 있던 안 좋은 감정을 풀어 없앰.

5급 | **부수** 罒 그물망머리
罪 허물 **죄**
• 犯罪 (범죄)
법을 어기고 죄를 저지르는 것.
• 罪囚 (죄수)
죄를 지어 감옥이나 교도소에 갇힌 사람.

6급 | **부수** 口 입구
合 합할 **합**
• 合成 (합성)
둘 이상의 것을 합쳐서 하나를 이룸.
• 結合 (결합)
둘 이상의 사물이나 사람이 서로 관계를 맺어 하나로 합쳐짐.

차례

지난 줄거리

얼음파도의 탑에 도착한 쿠키 원정대는 눈 괴물의 얼음 광선을 맞아 얼음덩어리가 된 눈설탕맛 쿠키 일행을 발견해 빼앗긴 크리스탈을 되찾고, 자신들의 잘못을 뉘우치는 눈설탕맛 쿠키 일행과 힘을 합쳐 바다요정 쿠키를 구하기로 약속한다. 한편, 악당 코코아맛 쿠키는 착한 단팥맛 쿠키를 속이고, 바다요정 쿠키를 해칠 무시무시한 무기를 숨긴 채 쿠키 원정대를 바싹 뒤쫓는데…!

〈쿠키런 한자런〉
12권에 등장하는 한자

分 나눌 분	解 풀 해	罪 허물 죄	合 합할 합
體 몸 체	法 법 법	則 법칙 칙	上 위 상
下 아래 하	左 왼쪽 좌	右 오른쪽 우	百 일백 백
妨 방해할 방	害 해할 해	嫉 미워할 질	妬 샘낼 투
勇 용감할 용	敢 감히 감	正 바를 정	義 옳을 의

콰아아아

눈 괴물의 강력한
얼음 광선!

덤벼라,
빙신(氷神)아!

슈우우우

分
나눌 분

이 크리스탈
검으로 모두 다
분해해
버리겠어!

척

56장

빙신(氷神) 퇴치 대작전

解
풀해

Go! Go!

빙신(氷神) 잡으러 가자!

얼음파도의 탑

휘
이
이
이

꽁꽁

콰아아아

명랑한
쿠키!

데굴

데굴

쿠키
원정대(遠征隊)가
눈 괴물과 치열하게
싸우는 지금,

산타온천(溫泉)

으어~

좋다~

전설의 쿠키님들은 산타호텔의 최고급(最高級) 서비스를 받으며 휴식하고 계십니다.

온몸의 피로를 풀어 주는 온천(溫泉) 목욕!

뜨끈

뜨끈

오로라를 바라보며 먹는 풀코스 만찬 요리!

스스스스

최신형
안마의자와

찜질방
서비스까지!

황토 찜질방에
누워 있으니
뜨끈뜨끈 좋구나!

찜질방에선
식혜와 삶은
달걀이지요.

산타호텔,
최고!

드르르

와

와아

그런데
꼬마 쿠키들은
어디 갔지?

용감한 쿠키와
명랑한 쿠키
그리고….

얼음파도의
탑으로
갔잖아.

꺼억

아차!

그렇지!

딱

딱

딱

따악

잘 익었네!

맥반석 계란은 이렇게 깨 먹어야 제 맛이지!

짠

휘

이

이

이

…

크하하

냠냠

추워!

덜덜...

너무 추워!

명랑한 쿠키!

멀리서 웨어울프맛 쿠키의 목소리가 들려!

용사맛 쿠키님, 어서 얼음을 녹여 주세요!

휘익

크리스탈 검!

치이이

치이

나를 구하려고
애쓰고 있구나.

치이이이

치이

그런데
너무 졸려.

이대로
푹 잠들었으면….

킁킁

이 고약한
냄새는 뭐야?

구리

구리

숨을
못 쉬겠어!

푸하

명랑한 쿠키가
깨어났다!

웁!

웨어울프맛 쿠키의
더러운 망토였구나.

파앗

용사맛 쿠키님이
크리스탈 검으로
얼음을 녹여
주셨어.

춥지?
내 망토 입어!

화악

저리 치워!

눈 괴물은
어디 있어?

다른
쿠키들은?

앗!

보다시피 상황이
좋지 않아.

피겨여왕맛 쿠키와

꿍

꿍

화이트초코 쿠키!

쿵

시나몬맛 쿠키와 마카롱맛 쿠키까지!

쿠키들을 녹여야 해!

척

하지만 얼음을 녹이는 속도보다 얼음으로 변하는 속도가 더 빨라요.

치이이이

아니야, 할 수 있어!

치이이

뿌웅

호으

용감한 쿠키,
어서 깨어나
나를 도와다오!

앗

스르르

용사맛 쿠키님!

털썩

몸이 녹으니까
저절로 방귀가….

기절하셨어!

이런, 고약한
얼음 귀신
같으니!

얼음 빙(氷)에
귀신 신(神)!

네 놈은
빙신(氷神)이로구나!

빙신(氷神)…?

어이쿠,
단단히
화가 났군!

*당치 않다 : 말이나 행동이 옳지 않다.

화아악

나의 분신(分身)들아! 눈 괴물과 싸우거라!

휙

휙

휘익

대단해!

눈 괴물을 이길 수 있겠어!

와

와아

눈이다!

떡

떡

눈싸움하자!

하하

눈사람 만들래!

꺄~

맛난 빙수(氷水) 만들어 먹어야지!

나눌 분(分)!

칼(刀:도)을 휘둘러 여덟(八:팔) 개로 자른다는 뜻의 나눌 분(分)!

싹둑

그래! 크리스탈 검으로 눈 괴물을 분해(分解)하면 되겠어!

소(牛:우)의 살과 뼈, 뿔(角:각)을 칼(刀:도)로 나누는 모양을 본뜬 풀 해(解)!

분해(分解)는 여러 부분이 결합된 것을 낱낱으로 나누는 걸 말해!

화악

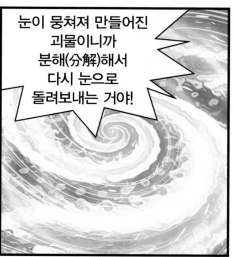

눈이 뭉쳐져 만들어진 괴물이니까 분해(分解)해서 다시 눈으로 돌려보내는 거야!

눈….

팥빙수….

크리스탈 검을 받아라!

슈우우

휘익

좌
아
아
악

친구들이
떨어진다!

파!

파팍

팍

얼음 바닥 아래로
떨어지면 영영
찾을 수 없게 돼!

분신(分身)들아,
얼음덩어리들을
잡거라!

타앗

콱

모두
잡았어!

콰악

콱

*신통하다 : 신기할 정도로 묘하다.

罪

허물 죄

꼬마 쿠키들이
또 합체하고
있습니다!

헉!

안 돼!
합체하면 안 돼!

잘한다!
잘한다!

점프!!!

눈 괴물을 향해 점프!

단팥맛 쿠키의
도움을 받아
얼음파도의 탑
꼭대기까지
올라가야 하니까.

휘 이 이 이

크크크...

그리고
바다요정 쿠키를
없애 버려야지.

코코아컵 속에
숨겨둔 붉은 용의
불이 담긴 구슬로!

이걸 바다요정
쿠키에게
던지면

얼음파도의 탑은
순식간에
녹아 버리고

퍼엉

펑

펑

바다요정 쿠키는
세상에서 영원히
사라질 거야.

차~아아

그리고 쿠키세상은 멸망하게 되겠지!

크하하

흡!

나의 이런 모습,

나의 코코아야~

아빠가 보면 슬퍼하시겠지?

쯔지

잉

갑자기 죄책감(罪責感)이 느껴져.

죄책감(罪責感)은 지은 죄(罪)에 대한 책임(責任)을 느끼는 마음이야.

罪

쿵

그물 망(罒=网)과 그를 비(非)가 합쳐진 글자로 잘못을 저지른 사람을 그물에 걸리게 한다는 뜻의

철썩

잘못을 저질러 그물에 걸렸어!

*허물 죄(罪).

*허물 : 잘못 저지른 실수.

아빠….

으드득

으드드

조심해, 코코아맛 쿠키!

파악

고드름에 찔릴 뻔했어!

바닥도 뾰족하다고!

카악

헉

얼음파도의 탑에선 항상 조심해야 해. 언제 어디서 얼음이 튀어 나올지 모르니까.

으흑…

여기서부터는 10층이야.

휘이이

한자 일(一)의 모습대로….

쿠쿠쿠

바닥에서 얼음이 솟아오를 거야!

꺄악

조ー옹

응?
이게 다야?

앗!

어헛!

눈 괴물!
곧 눈 괴물이
나타날 거야!

우리에게
얼음 광선을
쏠 거야!

휙

휙

스윽

눈 괴물이다!!!

꺅~

척

응?

이게,
무시무시한
눈 괴물?

왜 이렇게
작아졌지?

크르릉

팍
팍
파악

앞서간 쿠키들이 눈 괴물을 저렇게 만든 걸까?

콱
콰악
콱

눈설탕맛 쿠키 무리의 힘만으로는 눈 괴물을 이길 수 없었을 텐데.

쿠키 원정대는 생각보다 훨씬 강한 쿠키들인가 봐. 대단하다!

대단하긴!!

그 녀석들은 얼음파도의 탑 꼭대기에 있는 얼음나라의 보물을 차지하기 위해 경기를 하는 거라고.

그렇지 않아.

눈설탕맛 쿠키는 바다요정 쿠키를 구하러 가는 거래.

쿠키세상이 더욱 뜨거워져 얼음나라가 녹는 걸 막아야 하니까.

짱

훌쩍

그런데, 코코아맛 쿠키는 왜 얼음파도의 탑에 오르는 거야?

그, 그거야….

너와 함께 쿠키런 경기에서 달리기 위해서지!

날 두 번이나 얼음덩어리로 만들다니!

눈 괴물, 가만두지 않겠다!

눈 쿠키!

이게 뭐야?

헉!!

팥빙수!

철썩

화아악

저리 비켜!

까악

이 녀석들은 의적맛 쿠키님을 똑 닮았는데?

까~

예쁜 누님!

하하

하하

제 머리카락으로 만든 분신(分身)들입니다.

얼음덩어리가 된 너희들을 구하는 데 큰 도움을 줬지.

푸학

용사맛 쿠키님께서
저를 구해 주신
건가요?

감동!

그리고 거대 늑대가
모두를 후려쳐서
20층으로 바로
올라올 수 있었어.

어쩐지 온 몸이
아프더라!

은혜도
모르는 것들!

뿌우

이제 모두
얼음에서
풀려났으니

열심히
꼭대기를
향해
올라가자!

무서워.
또 눈 괴물이
나타날 거야.

또다시 얼음덩어리가 되긴 싫어!

좋은 방법이 없을까?

눈싸움! 눈싸움!

덤벼라! 내겐 방패가 있다.

틴

그래, 저거야!

틴

얼음 광선을 막는 얼음판!

척

두

둥

20(二十)

이제 이십(二十) 층 위로 올라가자!

숫자 '2'는 한자로 막대기가 두 개 놓인 모양이구나.

막대기가
아래에 하나!

좌악

위아래에서
얼음이
공격한다!

으아아

깍

좌아악

좌악

으악

좌악

위에
또 하나!

좌아악

나는 화이트초코 쿠키다!

휙

파악

그리고 나는 용사맛 쿠키지!

슈우우

간다!!!

화악

치이이이

치이이

용사맛 쿠키님이
눈 괴물을
통과했어!

눈 괴물이
녹는다!

좋았어!
이대로 30층으로
올라가자!

눈 괴물도
무섭지 않아!

합할 합(合)!

딸칵

그리고 뼈 골(骨)과 풍년 풍(豊)이 합쳐져 '많은 뼈의 모임'을 뜻하는

몸 체(體)!

오냐!

척

척

척

척

척

척

삼십(三十) 층!

30층

휘이이이

한자로 숫자 '3'은 막대기 세 개를 늘어놓은 모습이구나!

아래에 하나!

파앗

위에 하나!

파앗

그리고 중간에 하나.

그렇다면…?

중간에서 얼음이 날아온다!

슈우우우

*호사 : 화려하고 사치스럽게 지냄.

호호호

역시 돈이 좋아!

하하하

버터크림 초코쿠키님, 우리 산타호텔에서는 3일에 한 번씩 호텔 이용료를 계산한답니다.

번쩍

여기 이 VIP 황금 카드를 받으시오!

VIP

카드라면 크리스마스 카드를 말씀하시는 건가요?

농담도...

VIP

이런 플라스틱 조각 말고 돈이나 황금을 주셔야죠.

설마...

VIP

얼음나라에선 카드를 안 받나 봐!

어라?

이제 보니, 돈 없는 거지들이었구나!

혁!

불끈

당장 호텔 이용비 내 놔!

화르르

으아아

쿠키 살려!!!

휘이이이

으으음…

불꽃정령 쿠키님, 정신이 드십니까?

에취!

에어컨 꺼 주세요.

훌쩍

여기 왜 이리 추워.

잊으셨어요? 여긴 얼음나라예요.

더러워...

휘이이

얼음파도의 탑!

꼬맹이 쿠키들은?

탑으로 올라갔습니다. 코코아맛 쿠키가 그 뒤를 쫓아가고 있고요.

붉은 용의 구슬을 던져 바다요정 쿠키를 물방울로 만들 작정이지요!

바다요정
쿠키의 힘을
*과소평가하는군.

코코아맛 쿠키
혼자선 절대
성공 못할 거야.

바다요정 쿠키는
절대 깨어나선 안 되는
무시무시한 쿠키야.

그럼
어떻게….

*과소평가 : 사실보다 작거나 약하게 평가함.

굴뚝마녀님께
도움을
*요청해야겠어.

휘이

굴뚝마녀
님이요?

*요청하다 : 필요한 일을 해 달라고 부탁하다.

쿠키세상에서
가장 힘이 센
쿠키는

버려진
마법도시에 사는
달빛술사 쿠키와

얼음파도의 탑에
잠든 바다요정 쿠키야.

쿠키세상에서
가장 오래 살아온
마법사
쿠키들이거든.

둘이 힘을 합치면
굴뚝마녀님의
계획이…

에에에에

에취!

추운 얼음나라에선
내 힘이 자꾸
약해지는 것 같아.

훌쩍

어서
굴뚝화산으로
가자!

코코아맛 쿠키는
어쩌고요?

왹

알 게 뭐야!

훗!

부하 따위는 얼마든지 더 만들 수 있어.

앗

코코아맛 쿠키는 불꽃정령 쿠키님께 *충성을 바쳤는데….

너무해요...

*충성 : 진정에서 우러나오는 정성.

얼음나라 너무 싫어!

콰 아 아아

뭐야, 악마맛 쿠키!

또다시 천사맛 쿠키로 돌아가고 싶은 거야?

아, 아닙니다.

척

굴뚝마녀님이 쿠키세상을 차지하게 되면

콰아아

춥기만 한 얼음나라를 제일 먼저 불태워 달라고 할 거야!

산타호텔도 다 태워 버려야지!

크하하

코코아맛 쿠키, 미안해.

굴뚝화산의 붉은 용께 도움을 *청하자!

콰아아아아

*청하다 : 어떤 일을 해 달라고 부탁하다.

58장

공격의 법칙

則
법칙 칙

모든 일에는 법칙이 있단다.

법칙 이라고요?

다들 괜찮아?

아프지!!!

얘들아…

철철철

딸기맛 쿠키!

얼음에 맞았어!

갑자기 얼음이 날아올 줄이야!

으아아

으으

어떡해! 괜찮니?

걱정 마. 딸기잼 통이 터진 거야.

지금 내 딸기잼이 문제가 아니야!

뭐?

휙

방금 얼음파도의 탑의 공격 법칙(法則)을 발견한 것 같아.

두둥

법칙(法則)?

물(수:水)은 높은 데서 낮은 곳으로 흘러가는(거:去) 규칙이 있다는 뜻의

물에도 규칙이!

법 법(法)!

재산을 나타내는 글자인 조개 패(貝)를 공평하게 칼(도:刀)로 자른다는 의미의

공평하게!

법칙 칙(則)!

반드시 지켜야 할 규범을 뜻하는 법칙(法則) 말이야.

그래서 공격 법칙(法則)이 뭔데?

그건 바로, 숫자의 모습!

십 층에서는 숫자 일(一)의 모습을 닮은 바닥에서만 얼음 공격이 있었어.

까악!

챠악

그, 그랬지.

이십 층부터는 숫자 이(二)의 모습처럼 위와 아래에서 공격이 있었고.

챠악

챠악

정말 그러네.

삼십 층에서는 위와 아래, 그리고 중간에서 얼음이 날아왔잖아!

차자작

으아아

악

까악

맞아! 숫자 삼(三)처럼!

헐 소름!

그렇다면 사십 층에서는 4면 모두에서 공격물이 날아온다는 거잖아?

위 상(上)!

왼손에 도구를 든 모습을 나타낸 왼쪽 좌(左)!

까!!!

밥을 먹는 손을 나타낸 오른쪽 우(右)!

아래 하(下)!

맞아! 얼음 공격이 숫자 사(四)의 모습처럼 상하좌우(上下左右)에서!

딸기맛 쿠키! 너는 천재야!!

짜잔~

그런데….

우리가 그걸 어떻게 피해?

후우

앗!

하아

하아

기운 내, 얘들아. 사(四)는 오(五)에 비하면 아무것도 아니야.

오(五)가 훨씬 무시무시하다고!

하하하

어이구~

그리고 눈 괴물도 있지.

저기….

쿠키 원정대 여러분.

박하사탕맛 쿠키?

바다요정 쿠키님께서 해가 지기 전까지 꼭 탑 꼭대기에 도착하라고 하셨어요.

바다요정 쿠키님이?

바다요정 쿠키님은 얼음이 되어 잠드셨는데…?

그걸 어떻게 알았어?

저는 늘 바다요정 쿠키님과 이야기를 나누고 있어요.

그분은 고래의
노랫소리와
제 소라고둥 연주를
좋아하신답니다.

촤아아

박하사탕맛 쿠키는
역시 평범한 쿠키가
아니구려.

바다에서
혼자 살아가던
저도

촤아아

바다요정
쿠키님 덕분에
외롭지 않았어요.

바다요정
쿠키님은
네 덕분에 외롭지
않았겠구나.

여러분이 올 거라고
미리 알려 주신 것도
바다요정
쿠키님이었지요.

우리를 만난 게
우연이 아니었어?

끄덕

끄덕

바다요정 쿠키님은
여러분을 기다리고
있어요.

휘

이

이

이

붉은 용이 나타나
얼음파도의 탑을 녹여
버리기 전에
바다요정 쿠키님을
구해 주세요.

잠깐,
뭐라고?

붉은 용이
오고 있다고?

화산 속의
붉은 용이 어떻게
여기까지…!

콰아아아

해가 지기 전에, 그리고 붉은 용이 도착하기 전까지 반드시 바다요정 쿠키님을 구해내야 해요!

크르르르

붉은 용이라니….

무서워!

덜덜덜

그 전까지 우리가 탑의 꼭대기에 도착할 수 있을까?

아무리 생각해도 불가능해.

그렇다면 우리가 장애물들을 부수면서 굴러가는 수밖에 없어.

뭐?

척

모두 얼음덩어리가 되는 거야!

눈 괴물님~!

눈 괴물님, 계세요?

스윽

크아아아

나타났다!

날 믿어!
무사히 탑의
꼭대기에
데려가 줄게!

웨어울프맛
쿠키!

얼음 광선
부탁해요!

척

으으,
얼어붙는 거
진짜 싫은데!

꼭이야!

와락

씨익

소원 성취!

데굴 데굴 꽁 꽁꽁

얼음덩어리 여섯 개!

불쑥

자, 이제 탑(塔)의 꼭대기로 출발(出發)!

파앗

하나라도 잃어버리면 안 돼요!

끼이익

툭

웨어울프맛 쿠키!

팟

거대 늑대로 변신!

의적맛 쿠키님, 축구 할 줄 알아요?

훅

축구는 둥근 공을 뻥 차는 놀이예요!

뻐엉

오호, 그렇구려!

나는 스노우킹을 타고 가지!

크하하하

피겨여왕맛 쿠키는

우아한 피겨스케이팅으로!

얼음과 눈은 우리 얼음나라 쿠키들에게 맡기라고!

헉!!

화이트초코 쿠키!

네, 용사맛 쿠키님!

혹시 내가 얼음이 되면 네가 대신 크리스탈 검을 맡아 쿠키들을 녹여 줘!

제, 제가
크리스탈 검을요?

축구란 정말
재미있는
놀이구려!

얼쑤!!

뻥

최선을
다하겠습니다!

훅

바다요정 쿠키님,
곧 갈게요!

뿌우우우우

척

얼음파도의 탑이 이렇게 평화로운 곳이었나?

눈 괴물도 보이지 않아.

꼬마 쿠키들을 금방 따라잡겠어!

캬하하

앞에서 우리 대신 고생해 주니 너무 고마운걸!

고생하는 친구들을 생각하다니, 코코아맛 쿠키는 역시 마음씨가 고와.

헤헤

바보 단팥맛 쿠키!

하지만 단팥맛 쿠키와 함께 달리는 건 정말 즐거운 일이야.

바다요정 쿠키를 없애고, 내 소중한 가족과 친구들을 영원히 지켜야지!

자, 잘못했습니다.

*괘씸한 영감탱이들! 어디 감히 이 산타맛 쿠키의 돈을 떼먹으려고!

크아아아

히익

이, 일해서 갚겠습니다, 산타맛 쿠키님!

*괘씸하다 : 기대나 믿음에 어긋나는 못마땅한 행동을 하여 밉살스럽다.

숙박비와 식사비, 온천 이용료까지 모두 갚으려면

탁
탁
탁

우리 같은 늙은이가 어떻게 100년이나 일해?

욱

그 전에 *저세상 가겠구먼!

버럭

앞으로 딱 100년만 일하면 되겠군!

척

*저세상 : 사람이 죽으면 그 영혼이 가서 산다는 세상.

이, 이럴 수가…!

예언자맛 쿠키! 왜 그러는가?

연기가 리얼한데?

미친 척 하지 마! 누가 속을 줄 알고?

미래를 봤어.

화 르 르 르

세상이 온통 불바다가 됐어.

예언자맛 쿠키가 미래를 예언(豫言)했군.

그렇다면….

절대 믿을 수 없지.

그냥 무시하면 됩니다.

이런…

이번엔 진짜야! 세상이 멸망한다고! 그러니까…!

버

럭

숙박비는 다음에….

아오!

그럼, 마법지팡이로 보자.

쿵

콰아아아

응??

굴뚝화산이야!

붉은 용!

붉은 용이 세상 밖으로 나오고 있다!

오랫동안 화산 속에 있던 붉은 용이!

갑자기 왜!

바다요정 쿠키 때문이야.

바다요정 쿠키가 깨어나는 걸 막기 위해

붉은 용이 직접 나선 거야.

바다요정 쿠키가 있는 얼음파도의 탑에는 쿠키 원정대와

내 딸, 코코아맛 쿠키가 있어!!!

안 돼!

아이고, 내 마법지팡이!

빠-악

59장

구(九) 괴물과의 전쟁

百

일백 백

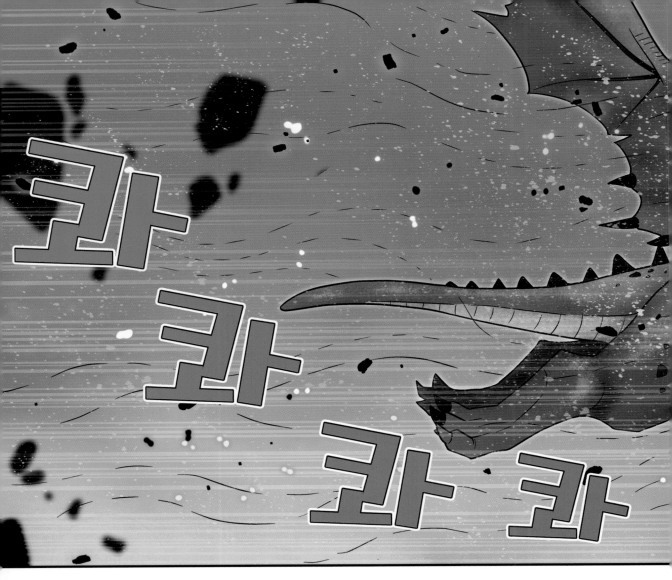

불꽃정령 쿠키님,
붉은 용은 위험해요!

슈우우우

쿠키세상을 모두
태워 버릴 거예요!

모든 게 사라져
버릴 거라고요!

그게 우리가
원한 거 아니었나?

콰아아아

네?

붉은 용께선 스스로 화산 밖으로 나오기로 결정하셨어!

우리 때문이 아니라고!

이젠 불이 세상을 지배하게 될 거야!

슈우우우

그리고 불의 쿠키인 너와 내가 세상을 갖게 된다!

모두 타서 재만 남은 세상을 갖게 되겠죠….

어서 가자!

콰아아아

통째로 불타 없어질
얼음파도의 탑을 향해!

오십(五十) 층
통과!

육십(六十)
층도 통과!

아무것도
우리를 막을 수
없어!

칠십(七十) 층!

팔십(八十) 층!

114 쿠키런

그리고
드디어…

데굴
데굴

마지막
구십(九十) 층이야.

저길 보세요!

화
아
악

바다요정
쿠키님이에요!

아름답다.

바다요정 쿠키님…!

감탄할 시간 없어.

이제 곧 해가 진다.
*단숨에 백(百) 층으로 가자.

그 전에 얼음덩어리 쿠키들을 녹이는 게 좋겠어요.

치이이

응?

구구구
(九九九)….

*단숨 : 쉬지 않고 한 번에.

꺄악!

얼음 광선을 쏘는
눈 괴물들이다!!!

모두 피해!

구구구

구구구

구구구

그런데…
너무 많네?

용사맛 쿠키님,
눈 괴물은 제가 맡을
테니 그동안 친구들을
녹여 주세요.

빠, 빠르다!

다들 위로 올라가!

우르르

꺄악~

화이트초코 쿠키!

앗! 용사맛 쿠키님!

화이트초코 쿠키…

쩌억

쩍

크리스탈 검을 부탁…

안 돼!!

용사맛 쿠키님!!!

꽁꽁

용사맛 쿠키님이 얼음으로 변했어!

이럴 수가!

정신 차리고
싸움에 집중해!

떡

퍼억

구구

구구구

구구구

너무
많아요!

까악

끝없이 이어진 숫자
99.999999… 같은
눈 괴물들!

떡

떡

퍼억

100은 영원히
오지 않을 것 같아!

화이트초코
쿠키 장군!
어서 크리스탈 검을
잡으십시오!

제가요?

못해요!
전 그냥 평범한
쿠키라고요!

용사맛 쿠키님!

어서 일어나세요!

척

저는 크리스탈 검을
쓸 줄 몰라요. 용사맛
쿠키님 없인 아무것도
할 수 없다고요.

흑흑

용사맛 쿠키님처럼
용감한 전설의
쿠키가 되고 싶어서

아...

매일 검술
훈련도 했는데….

털썩

그래!
나도 할 수 있어!

콱

그동안 열심히
연습했는걸!

용사맛 쿠키님, 제게 힘을 주세요!

척

후우웅

눈설탕맛 쿠키, 나에게 눈보라 소용돌이를 날려 줘!

구구구

구구

눈 괴물이 아니라 너에게 눈보라를 날리라고?

어서!

눈보라를 타고 크리스탈 검으로 눈 괴물들을 베어낸다!

와아아

콰아아아

멋지지?

이게 얼음나라의 마법이야!

웨어울프맛 쿠키의 주먹도 있지!

퍼억

명랑한 쿠키! 안 다쳤어?

사삭

사사삭

투툭

헉!

받아라!

착

착

촤악

빰빠빰빰

척

숫자 구(九)와의 싸움에서 승리!

와아

와

와

치이이

펑

용사맛 쿠키님!

우리가 구(九) 괴물을 모두 물리쳤어요!

*장하구나! 넌 쿠키왕국 최고의 용사야!

척

제, 제가요?

*장하다 : 하는 일이나 인품 등이 자랑스러울 만큼 훌륭하다.

살았다!
영영 못 깨어날 줄
알았어!

퍼엉

펑

펑

벌써 끝난 거야?
그렇게 어렵지
않았나 봐?

우리가 얼마나
고생을 했는지
알아?

뿌웅

윽

얼음덩어리들도
고생했지.

너희들의
활약도
대단했어!

헤 헤 헤

구십(九十)층도 통과했으니,

이제 바다요정 쿠키님을 만날 수 있는 거야?

우린 이미 바다요정 쿠키님과 함께 있어. 저 얼음 기둥을 봐!

이 얼음 기둥이 바다요정 쿠키님이라고?

세상에!

어서 백(百)층으로 올라가자!

와

와아

우르르

흰 백(白)에 하나 일(一)이 합쳐진 글자, 일백 백(百)!

바다요정 쿠키님!
박하사탕맛 쿠키가
왔어요.

이제 깊은 잠에서
깨어나세요!

이게 뭐지?

안녕?
나야 나,
코코아맛 쿠키!

너희들을 따라잡으려고 단팥맛 쿠키와 열심히 달려왔지.

단팥맛 쿠키, 저 바보!

장애물들을 모두 부수고 올라오다니, 정말 대단해! 덕분에 편하게 왔어.

코코아맛 쿠키, 또 무슨 나쁜 짓을 하려는 거야?

그치? 응!

코코아맛 쿠키는 이제 나쁜 짓 안 해.

그럼, 이 붉은 구슬은 뭐야?

그건 붉은 용의 불구슬!

이제부터는 그냥 나쁜 짓이 아니라

아주아주 나쁜 짓을 하려고.

코코아맛 쿠키!

폭탄 이라고?!

치이이익

미안해, 단팥맛 쿠키. 내가 널 이용했어.

그건 뻥! 하고 터지는 폭탄이야.

후우웅

뭐라고?

헉!

콰

모두 피해!

휘익

큰일 날 뻔했군!

천만에, 이제부터가 진짜야!

설마…!

쩌억 쩍

쩌어어어억

쿵

쿠웅

바다요정 쿠키님이 부서진다!

안 돼!

펫들아, 도와줘!

추우욱

이 녀석들은 힘이 없습니다!

팟

크리스탈 검!

치이이이

쿠쿵

쿠쿵

용사맛 쿠키님! 힘을 내요!

안 돼! 이미 늦었어!

시간이 없어!

바다요정 쿠키님이 부서진다!

안 돼!!!

치이이이

쿠구구궁

폭발의 충격으로
탑도 부서졌어!

후욱

후우욱

쉬이이

이런,
탑에 구멍이
났구먼!

산타맛
쿠키님과 전설의
쿠키님들?!

저리 가세요, 아빠!
지금 전쟁 중이란
말이에요!

전쟁은 위험해!
안전(安全)이
제일이야!

아아악

전설의 쿠키들,
멍하니 구경만
하지 말고 어서 도와!

오, 용사맛
쿠키!
안녕한가?

치이이이

바다요정 쿠키님을
구해야 해요!

얼음 기둥이
부서지고
있어요!

탓

타얏

콰아아

마법의
힘을 쓰자!

콰아아아

얼음 기둥이여,
떠올라라!

잘했어,
마법사맛
쿠키!

그, 그런데
너무 무거워!
다들 서둘러!

콰아아

파앗

포근실타래!

얼음이
부서지지 않게
묶어다오!

이제
내 차례인가!

힘으로는 날 이길
쿠키가 없다고!

버터크림
초코쿠키님!

다들 조금만 더 버텨!

치이이

치이이

두근

두근

모두 힘 내요!

심장 소리가 들려요!

두근

두근

바다요정 쿠키님이 깨어나고 있어요!

마법사맛 쿠키! 조금 더 견뎌!

콰아아아

포근실타래도!

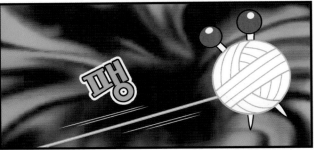

산타맛 쿠키!

아빠!

왜 저를 방해(妨害)하세요?

끄악!

코코아맛 쿠키야, 더 이상 나쁜 짓은 하지 마라.

아빠 말 들어!

코코아맛 쿠키, 이제 그만해.

너까지!

스윽

꽥

꽥

꽥

휴~

바다요정
쿠키님이다!

와아

와

드디어 모습을
드러내셨어!

바다요정 쿠키님,

이제 잠에서
깨어나십시오!

치이이이

질투(嫉妬)를 모른단 말이야?

심리 상태를 나타내는 말에 사용되는 글자인 여자 녀(女)와 소리 역할을 하는 병 질(疾)이 합쳐진 글자로

'마음이 병들다', '시샘하다'라는 뜻을 나타내는 미워할 질(嫉)!

여자(녀:女)가 돌(석:石)을 던지는 모습을 본뜬

귀여운 네가 샘나

샘낼 투(妬)!

두 한자가 합쳐져

미워하고 샘낸다는 뜻의 질투(嫉妬)!

아니, 왜 나를 질투(嫉妬)했냐고!

그, 그건….

네가 나보다 멋지니까!

나보다 훨씬 더 용감(勇敢)하고 정의(正義)롭고 친절(親切)하고….

악당이 된 이유가 고작 질투(嫉妬) 때문이라니….

내가 좀 멋지긴 하지.

재수 없는 녀석!

불꽃정령 쿠키,

악당이 되기 전엔 너도 멋진 녀석이었어.

에잇!

퍽

퍽

용감(勇敢)하고 정의(正義)롭고 친절(親切)한 전설의 쿠키였지.

설득하려 하지 마! 이미 늦었어!

얼음파도의 탑이
너희들의 무덤이
될 것이다!

전설의 쿠키들에게
딱 어울리는
*최후(最後)군!

붉은 용이시여,
탑을 활활
태워 버리십시오!

*최후 : 맨 마지막. 삶의 마지막 순간.

악마맛 쿠키!
어서 나와 아빠를
꺼내 줘!

불꽃정령 쿠키님,
탑 안에 코코아맛
쿠키가 있어요!

웨어울프맛 쿠키, 무서워.

와락

설마 이게 마지막 소원 성취는 아니겠지?

엉엉

응?

이 상황에 딱 맞는 연주를 하겠습니다.

뿌우우

둥둥둥

저 바보들!

크르르르

코코아맛 쿠키….

그래….

이게
용사(勇士)에게
어울리는
마지막이야.

코코아컵이
점점 뜨거워져!

걱정 마.
이건 붉은 용이
만드신 코코아컵이야.
견딜 수 있어!

아빠, 제가 꼭
지켜드릴게요.

코코아맛
쿠키야….

마법으로 얼마나
더 버틸 수 있을지
모르겠어.

바다요정
쿠키님!

와-아

와

드디어
깨어나셨어!

죽기 전에 내 눈으로
바다요정 쿠키님을
보게 되다니!

정말
신비롭구나!

드디어 깨어난 바다요정 쿠키! 쿠키세상을 구해 낼 수 있을까? 13권에서 확인하세요!

12권 한자 집중 탐구

分 나눌 분
부수 刀 칼 도
- ★ 分析 (분석)
  더 잘 이해하기 위하여 어떤 현상이나 사물을 여러 요소나 성질로 나눔.
- ★ 部分 (부분)
  전체를 이루는 작은 범위.

解 풀 해
부수 角 뿔 각
- ★ 解法 (해법)
  어렵거나 곤란한 일을 푸는 방법.
- ★ 和解 (화해)
  싸움을 멈추고 서로 가지고 있던 안 좋은 감정을 풀어 없앰.

罪 허물 죄
부수 ⺲ 그물망머리
- ★ 犯罪 (범죄)
  법을 어기고 죄를 저지르는 것.
- ★ 罪囚 (죄수)
  죄를 지어 감옥이나 교도소에 갇힌 사람.

合 합할 합
부수 口 입 구
- ★ 合成 (합성)
  둘 이상의 것을 합쳐서 하나를 이룸.
- ★ 結合 (결합)
  둘 이상의 사물이나 사람이 서로 관계를 맺어서 하나로 합쳐짐.

體 몸 체
부수 骨 뼈 골
- ★ 體育 (체육)
  운동을 통해 몸을 튼튼하게 만드는 일. 또는 그런 목적으로 하는 운동.
- ★ 身體 (신체)
  사람의 몸.

法 법 법
부수 氵 삼수변
- ★ 憲法 (헌법)
  국가를 통치하는 기본 원리이며 국민의 기본권을 보장하는 최고 법규.
- ★ 方法 (방법)
  어떤 일을 해 나가기 위한 수단이나 방식.

則 법칙 칙
부수 刂 선칼도방
- ★ 規則 (규칙)
  여러 사람이 지키도록 정해 놓은 법칙.
- ★ 罰則 (벌칙)
  법이나 약속 등을 어겼을 때 주는 벌을 정해 놓은 규칙.

上 위 상
부수 一 한 일
- ★ 引上 (인상)
  물건 값이나 월급, 요금 등을 올림.
- ★ 祖上 (조상)
  한 집안이나 한 민족의 옛 어른들.

7급	부수 一 한 일
下 아래 하	★ 地下 (지하) 땅속이나 땅을 파고 그 아래에 만든 건물의 공간. ★ 下落 (하락) 값이나 가치, 등급 등이 떨어짐.

7급	부수 工 장인 공
左 왼쪽 좌	★ 左翼 (좌익) ① 새나 비행기 등의 왼쪽 날개. ② 급진적이거나 사회주의 적인 경향. 또는 그런 단체. ★ 左側 (좌측) 왼쪽.

7급	부수 口 입 구
右 오른쪽 우	★ 右翼 (우익) ① 새나 비행기 등의 오른쪽 날개. ② 보수적이거나 국수적인 경향. 또는 그런 단체. ★ 右側 (우측) 오른쪽.

7급	부수 白 흰 백
百 일백 백	★ 百姓 (백성) (옛 말투로) 나라의 근본이 되는 국민. ★ 百貨店 (백화점) 한 건물 안에 온갖 상품을 종류에 따라 나누어 벌여 놓고 판매하는 큰 상점.

4급	부수 女 여자 녀
妨 방해할 방	★ 妨害 (방해) 일이 제대로 되지 못하도록 간섭하고 막음. ★ 妨害物 (방해물) 일이 제대로 되지 않게 간섭하거나 막는 사물이나 현상.

5급	부수 宀 갓머리
害 해할 해	★ 災害 (재해) 뜻하지 않게 일어난 불행한 사고나 지진, 홍수, 태풍 등의 자연 현상으로 인한 피해. ★ 有害 (유해) 해로움이 있음.

1급	부수 女 여자 녀
嫉 미워할 질	★ 嫉妬 (질투) 자신이 좋아하는 사람이 다른 사람을 좋아하면 지나치게 미워하고 싫어함. ★ 嫉視 (질시) 질투하고 미워하는 마음으로 봄.

1급	부수 女 여자 녀
妬 샘낼 투	★ 嫉妬心 (질투심) 질투하는 마음. ★ 妬忌 (투기) 자기가 좋아하는 사람이 다른 사람을 좋아하는 것을 지나치게 미워함.

★ '부수'란? 부수는 자전(옥편)에서 한자를 찾는 기준이 되는 글자로, 한자의 뜻과 연관이 있어요. 예를 들어 木(나무 목)을 부수로 쓰는 한자의 뜻은 '나무'와 연관이 있지요. 또, 부수에 해당하는 한자가 다른 글자와 만나면 모양이 조금씩 변하기도 해요. 信(믿을 신)의 亻은 人(사람 인)이 변형된 한자예요. 부수의 수는 총 214자입니다.

6급		부수 力 힘 력

勇

용감할 **용**

* 勇氣 (용기)
겁이 없고 씩씩한 기운.
* 勇猛 (용맹)
용감하고 날래며 기운참.

4급		부수 攵 등글월문

敢

감히 **감**

* 果敢 (과감)
결단력이 있고 용감하게
행동함.
* 敢行 (감행)
위험이나 어려움이 있지만
과감하게 실행함.

7급		부수 止 그칠 지

正

바를 **정**

* 正直 (정직)
마음에 거짓이나 꾸밈이
없이 바르고 곧음.
* 公正 (공정)
어느 한쪽으로 이익이나
손해가 치우치지 않고
올바름.

4급		부수 羊 양양

義

옳을 **의**

* 信義 (신의)
믿음과 의리.
* 義理 (의리)
사람으로서 마땅히 지켜야
할 도리.

한자 필순의
원칙을 알아보자!

★ '한자의 필순'이란?
: 한자를 보기 좋고 빠르게 쓰기 위해 쓰는 순서를 정한 것.

🌰 한자의 기본 필순 🌰

❶ 왼쪽에서 오른쪽으로 쓴다.
❷ 위에서 아래로 쓴다.
❸ 가로획과 세로획이 교차될 때는 가로획을 먼저 쓴다.
❹ 삐침과 파임(오른쪽으로 비스듬하게 내려 쓰는 한자)이 만날 때는 삐침을 먼저 쓴다.
❺ 좌우로 대칭되는 형태의 한자는 가운데 부분을 먼저 쓰고 왼쪽, 오른쪽 순서로 쓴다.
❻ 안쪽과 바깥쪽이 있을 때는 바깥쪽을 먼저 쓴다.
❼ 글자 전체를 꿰뚫는 획은 나중에 쓴다.
❽ 오른쪽 위의 점은 맨 나중에 찍는다.
❾ 받침으로 쓰이는 글자 중 走(달릴 주)는 받침을 먼저 쓰고, 辶(쉬엄쉬엄 갈 착)은 받침을 나중에 쓴다.

글로벌 리더를 위한 필독서!

쿠키런 어드벤처

소년 조선일보
소년 한국일보 **선정**
좋은 어린이착

소년조선일보
홀수달 **25일** 출간

쿠키들의 신나는 세계여행
쿠키런 어드벤처 34
글 동암·송도수 그림 서정은

홍콩 Hong Kong

Let's go to Hong Kong~
<홍콩>으로 출발!!!

쿠키런 어드벤처 시리즈

서울문화사